PETIT-SÉMINAIRE MONGAZON

CONSÉCRATION DE LA CHAPELLE

ET

PREMIÈRE RÉUNION

DE

L'ASSOCIATION AMICALE DES ANCIENS ÉLÈVES

20-21 JUILLET 1891

Natio illorum dilectio.
Eccli. III, 1.

ANGERS

IMPRIMERIE-LIBRAIRIE GERMAIN & G. GRASSIN

40, RUE DU CORNET & RUE SAINT-LAUD

1891

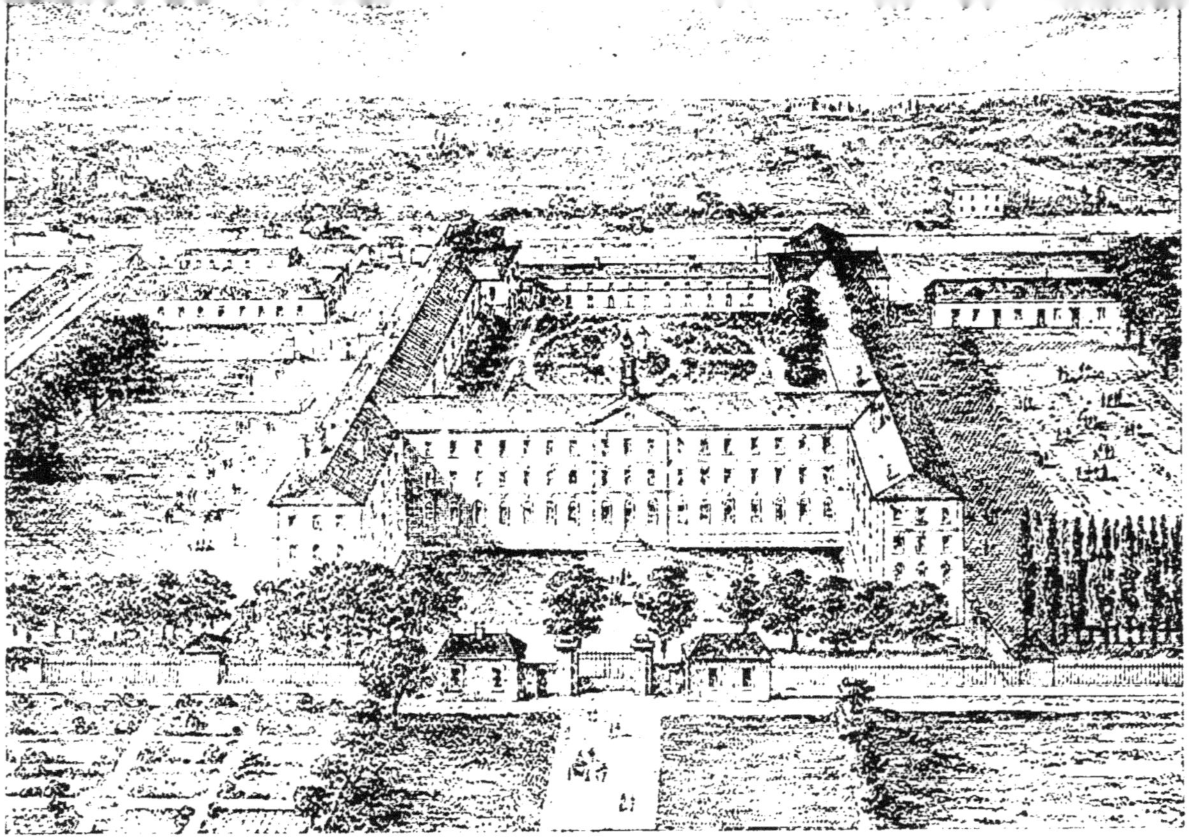

PETIT SEMINAIRE MONGAZON

PETIT-SÉMINAIRE MONGAZON

CONSÉCRATION DE LA CHAPELLE

ET

PREMIÈRE RÉUNION

DE

L'ASSOCIATION AMICALE DES ANCIENS ÉLÈVES

20-21 JUILLET 1891

Natio illorum dilectio.
Eccli. III. 1.

ANGERS
IMPRIMERIE-LIBRAIRIE GERMAIN & G. GRASSIN
40, RUE DU CORNET & RUE SAINT-LAUD

1891

AVANT-PROPOS

Le 30 juin 1881, aux Noces d'argent de M. l'abbé Subileau, M. le docteur Vaslin proposa aux anciens élèves de Mongazon de fonder une Association amicale qui cimentât leur union.

Tous applaudirent à ce projet.

« Je suis on ne peut plus heureux, dit M. Subileau, de la « pensée qui vous est suggérée par M. le docteur Vaslin, celle « d'établir une Association entre les anciens élèves. Rien ne « me sourit davantage. Cette Association serait un gage de « durée et de prospérité pour Mongazon. En même temps elle « nous donnerait une occasion de nous rassembler périodique- « ment et de renouveler dans une certaine mesure une réunion « comme celle d'aujourd'hui si féconde en délicieuses émotions. « Par discrétion je n'insiste pas. Cette idée vous appartient, « Messieurs, à vous de lui donner vie et succès ! »

Mais... l'homme propose et Dieu dispose... Quatre années s'écoulèrent et Mongazon ne vit pas ses enfants venir au rendez- v... s qu'ils s'étaient donné ; ou plutôt je me trompe, nous y vînmes tous, hélas ! en un jour de grand deuil pleurer notre bon et vénérable Supérieur mort dans ce Petit-Séminaire qu'il dirigeait depuis vingt-huit ans.

Toutefois notre douleur fut tempérée par une vraie joie lorsque Monseigneur Freppel daigna confier la fortune de Mongazon à M. l'abbé Ledoyen.

M. Ledoyen n'était-il pas, en effet, l'ami franc et fidèle de M. Subileau, le confident de ses pensées, son fils bien-aimé entre les autres ?

Vraiment nul mieux que lui ne méritait de recueillir cet héritage.

J'en appelle à vous, mes chers Confrères ; n'avons-nous pas retrouvé en M. Ledoyen le dévouement sans bornes et l'amour vigilant du Père que nous avions perdu ?

Et, si notre témoignage ne suffit, ce grand nombre d'anciens élèves, prêtres ou laïques, venus à son appel de tous les points du diocèse et de pays plus lointains, ne montre-t-il pas clairement que la famille de Mongazon avait hâte de saluer comme son nouveau chef, le digne successeur de M. Subileau ?

Vous m'avez demandé, Monsieur le Supérieur, de décrire cette fête du 21 juillet 1891, cette première Réunion amicale des anciens Élèves de Mongazon.

Il vous en souvient, j'hésitai un peu à l'entreprendre. Ne serai-je pas, en effet, ce pauvre ouvrier dont parle Horace en son Art poétique :

« *Infelix operis summâ quia ponere totum*
« *Nesciet !* »

Des scènes si variées de cette joyeuse réunion, pourrai-je bien rendre l'ensemble, faire un tableau vivant et vrai ?

Et comme je tardais à vous répondre, « Il suffit d'un peu de cœur, » m'avez vous dit.

Votre parole m'encouragea ; j'y trouve mon titre à l'excuse.

Oui, le grand amour que je porte à Mongazon, mon affection filiale pour vous, Monsieur le Supérieur, ma reconnaissance et mon amitié à votre endroit, ô mes vénérés Maîtres et mes chers Condisciples, m'ont seuls dicté ces pages que je vous offre en toute confiance. — Car

Si de vous agréer je n'emporte le prix
J'aurai du moins l'honneur de l'avoir entrepris.

L'abbé H. VERGONDY,
ancien professeur à Mongazon.

Notre-Dame d'Angers, le 25 juillet 1891.

PREMIÈRE RÉUNION

DE

L'ASSOCIATION AMICALE DES ANCIENS ÉLÈVES

DE MONGAZON

Assurément, M. Louis Lefèvre, vous avez déjà bien mérité de notre jeune Association, et dès demain, à l'unanimité des suffrages, nous vous en réélirons le secrétaire... perpétuel !

Il faut l'avouer : quoique habitué à se jouer des difficultés, à s'occuper de tous les détails d'une administration compliquée, M. l'abbé Lefèvre a dû travailler ferme cette année.

Tantæ molis erat....! Songez-y donc : parcourir trois fois les annales du collège depuis sa fondation en 1834 jusqu'à ce jour, vérifier les noms, trouver les adresses de tous les anciens élèves, classer quelques milliers de lettres, ce n'est pas là mince et courte besogne.

Aussi plusieurs mois durant vit-on dans la chambre de l'infatigable professeur le plus bel entassement de registres, d'imprimés et d'enveloppes que l'on puisse rêver.

Même il fallut, m'assure-t-on, que dix élèves à tour de rôle lui vinssent en aide : César, nous raconte le vieux Plutarque, avait seulement quatre secrétaires : c'est sans doute qu'il comptait moins d'amis à inviter.

Vers la fin du mois d'août 1890, nous recevions une

première lettre de M. le Supérieur qui, à la Distribution des Prix, dans un discours sur l'*Amitié*, ayant fait allusion à la future Association, avait été fortement encouragé par Mgr Freppel à commencer au plus tôt cette grande affaire.

« Les travaux de restauration de notre chapelle sont ter-
« minés, nous écrivait-il. — Monseigneur veut bien y
« mettre le couronnement, en la consacrant dans le courant
« de l'année 1891. J'ai l'intention de profiter de cette céré-
« monie solennelle à laquelle seront invités tous les anciens
« maîtres et élèves depuis 1834, pour réaliser enfin le vœu
« de mon vénérable prédécesseur, M. l'abbé Subileau, en
« établissant l'Association amicale que beaucoup réclament
« depuis longtemps.

« Afin de marquer cette double date par quelque chose
« de durable, je propose à tous les enfants de cette maison
« de s'unir pour élever dans la chapelle un autel digne du
« monument, de leur piété filiale et surtout de Dieu...
« Ce sera là, à mon avis, le meilleur trait d'union entre
« tant d'amis... Chacun comprendra qu'il importe avant
« tout de connaître à peu près la somme dont on pourra
« disposer. Il serait conséquemment désirable que l'on
« versât les souscriptions le plus tôt possible. »

Jamais Mongazon ne fit un vain appel à ses fils : que leur bourse soit grande ou petite, leur main y puise toujours. En peu de temps arrivèrent de nombreuses adhésions et des souscriptions plus nombreuses encore : la sympathie que provoquait l'idée de cette réunion prouvait déjà combien elle était chère à tous les cœurs.

Cependant plusieurs anciens élèves, envoyant leur offrande pour l'autel, déclarèrent qu'ils hésitaient encore à faire partie de l'Association. — « Quels en seraient les statuts ? »... Allons, Monsieur le Secrétaire, derechef à l'œuvre ! *Nunc est... scribendum !*

Au mois de mai, nouvelle lettre de M. le Supérieur, accompagnée des statuts,

« L'Association amicale des anciens élèves de Mongazon
« vient d'être approuvée... Les statuts ont été rédigés et
« acceptés par une commission provisoire. Comme beau-
« coup avaient demandé de les connaître avant de donner
« leur adhésion définitive, nous en envoyons un exemplaire
« à tous les anciens élèves dont nous avons pu trouver
« l'adresse... La consécration de la chapelle ne pourra
« être fixée que plus tard. Elle aura probablement lieu en
« juillet. Aussitôt que Monseigneur nous aura désigné le
« jour, nous le ferons connaître. A cette fête seront invités
« tous ceux qui auront répondu aux lettres que nous leur
« avons adressées. La consécration sera suivie d'un banquet
« auquel ils pourront prendre part. »

Notre Association était donc née viable et peu à peu elle
s'organisait sous l'habile direction de M. le Supérieur et de
la commission provisoire. Déjà même elle avait reçu le
baptême de la Loi.... Car les statuts étaient approuvés par
M. le Préfet de Maine-et-Loire. Et, suprême honneur pour
Mongazon, Mgr Freppel promettait de faire trève à ses
grands travaux pour présider et bénir notre première
réunion.

L'effet produit par cette lettre fut merveilleux : en quelques semaines, le nombre de souscriptions pour l'autel
s'éleva à 750 ; il y eut 550 adhésions à l'Association et
460 au banquet.

Honneur à vous, M. le Secrétaire !

Mais ne l'oublions pas : Dans cette Commission, et aux
côtés de M. Louis Lefèvre, *un homme s'est rencontré*,
d'une pratique incroyable, jurisconsulte raffiné autant
qu'habile trésorier, capable d'entreprendre beaucoup de
choses et de les achever ; qui ne laissa rien à notre bourse
de ce qu'il put en ôter par conseil et par prévoyance ; au
reste, vigilant et prêt à tout. Oui, M. Leproust, honneur à
vous aussi ; vous avez droit à notre reconnaissance, car
vous avez été, comment dirai-je ? le terme suffit-il pour

nommer un tel objet, la cheville ouvrière de notre Association.

Dès le 1er juillet, M. Lefèvre mettait en marche, et pour la troisième fois, les facteurs de France et de Navarre, voire même des Colonies.

Sous le même pli deux lettres ; dans la première, M. le Supérieur nous annonçait une heureuse nouvelle : Monseigneur avait fixé au Mardi 21 juillet la consécration de notre chapelle.

Dans la seconde, il nous donnait la liste des membres proposés pour le Comité d'Administration définitif de l'Association amicale et y ajoutait quelques conseils afin de simplifier le mode de votation.

En même temps, nous recevions un charmant programme illustré par M. l'abbé Roger, professeur de dessin à Mongazon.

Lundi 20 juillet

Soirée dramatique et musicale. Tous les anciens élèves présents à Angers sont invités à y assister. On commencera à 7 heures.

Mardi 21

8 heures. Consécration de la chapelle par Msr Freppel.
10 heures 1/2. Grand'messe.
Midi 1/2. Banquet. Morceaux d'orchestre et de musique instrumentale.
Cantate avec accompagnement d'orchestre.

Dans la soirée

Assemblée générale de l'Association amicale des anciens élèves.

Jeux divers. — Feu d'artifice. — Retraite aux flambeaux.

Voilà, certes, un programme séduisant et qui promet une belle fête ; elle aurait été complète si tous les enfants de Mongazon y avaient assisté. Mais, à notre grand regret, quelques-uns ne purent venir : Mgr Denéchau, évêque de Tulle, retenu dans son diocèse par des affaires urgentes ; M. Bouet, vicaire général et supérieur du Grand-Séminaire de Reims, obligé de prendre part au synode diocésain ; M. Fillion, vicaire général, d'Évreux ; M. Branchereau, supérieur du Grand-Séminaire d'Orléans ; M Jules Delahaye, député d'Indre-et-Loire ; M. l'abbé Subileau, curé de Saint-Augustin de la Nouvelle-Orléans ; et tous nos missionnaires que l'amour de Dieu a emportés si loin de Mongazon !

Nous aurions aussi été fort heureux de compter parmi nous M. le Supérieur de Combrée et M. le Supérieur de Beaupréau, qui ne purent accepter notre invitation.

Cy finit l'Histoire des Origines de notre Association amicale.

Il me semble entendre M. le Secrétaire et M. le Trésorier me dire : Heureuses les Associations qui n'ont pas d'histoire !

*

Enfin arrive le 20 juillet, le jour que nous attendions avec impatience.

A demain la grande fête ; ce soir seulement les *premières vêpres*. Toutefois je vous assure qu'elles seront chantées avec entrain.

Le ciel à la vérité ne nous sourit guère : il est presque maussade. Mais il faut tout prendre du bon côté : la pluie tombée avant-hier juste à point a tempéré la chaleur des derniers jours et lavé les arbres gris de poussière, et, ce soir, d'épais nuages arrêtent les rayons du soleil. Tout est vert, tout est frais : les peupliers, le bosquet, les prairies ont un air de renouveau.

Saluons d'abord la statue de la Sainte Vierge, œuvre et don de M. l'abbé Choyer et que M. le Supérieur a placée au bord de la *Grande Douve*. — O Mère, vous vous tenez debout à l'entrée de Mongazon et la première vous voulez accueillir vos enfants qui arrivent. Bénissez-les donc ! Ne sont-ils pas votre héritage et celui de votre Fils ! *Benedic hæreditati tuæ !* O Vierge Marie, donnez-nous un beau jour !

Hélas ! déjà tombent quelques grains de pluie. Mais nous en serons quittes pour la peur, et vos superbes décorations, MM. Préaubert, Roger et Lamprière, garderont jusqu'à demain soir leur éclat.

L'ensemble est ravissant : de mémoire d'élève, jamais la grande avenue n'avait été aussi richement ornée ; de la Douve au collège deux rangées de mâts où flottent des oriflammes rouges, jaunes et bleues : sur le parcours cinq arcs de triomphe en laurier : au sommet de chacun d'eux se détachent encadrés de roses les portraits au fusain de NN. SS. les évêques d'Évreux, de Tulle, d'Angers, de Belley et du R. P. Abbé de Bellefontaine. C'est vraiment une allée triomphale ; et là-bas dans le fond apparaît Mongazon entre deux bouquets d'arbres : sur la façade au-dessus des Classes et des Études les enfants ont placé les portraits de leurs pères, de leurs vénérés supérieurs, MM. Mongazon, Bernier, Derice, Bompois, Priou, Subileau, Ledoyen : ainsi les anciens Romains mettaient les images de leurs parents autour de leur maison pour l'honneur et l'enseignement de la famille. Au deuxième étage resplendissent les écussons de Léon XIII, de NN. SS. les évêques et du R. P. Abbé ; et dans le campanile de l'horloge des mains hardies ont attaché des banderoles qui voltigent au vent avec un bruit joyeux.

O Mongazon, cher collège, nos cœurs t'ont vite reconnu, et à ton aspect les plus doux souvenirs se réveillent en notre mémoire ! Il nous semble que nos jeunes années viennent à notre rencontre, avec nos maîtres, nos condisciples et tout ce cortège d'affections pures et vraies qui feront à jamais l'honneur et la joie de notre vie. Voici la chapelle où nous avons si souvent prié Dieu ; voici les classes, les études, les cours de récréation témoins toujours vivants de nos bonheurs passés !

Voici la Vierge *du Parterre* que nous avions établie notre gardienne. *Posuerunt me custodem.* O Mère, vous nous avez bien gardés !

Six heures et demie viennent de sonner. Mᵍʳ Luçon, évêque de Belley, arrive accompagné de son vicaire général, M. Valansio, de Mᵍʳ Pessard et de M. Grimault, grands vicaires d'Angers. En même temps descend de voiture le R. P. Dom Jean-Marie, Abbé de la Trappe de Bellefontaine, avec deux moines de son abbaye : le R. P. Paulin (B. Bellanger) et le R. P. Ambroise (R. Baugé), anciens élèves de Mongazon.

Ils sont reçus par M. le Supérieur et par MM. les Professeurs. Monseigneur et le R. P. Abbé commencent par visiter la tente dressée près de la Douve pour le banquet et admirent votre œuvre, M. l'Économe. Que vos tentes sont belles et que vos pavillons sont magnifiques !... Mais nous y reviendrons demain.

Déjà, dans la cour d'honneur, Grands, Moyens et Petits sont rangés des deux côtés du perron ; près d'eux une centaine d'anciens élèves laïques ou ecclésiastiques, parmi lesquels nous remarquons M. le curé de Longué, chanoine honoraire, chevalier de la Légion d'honneur ; MM. les chanoines Faucheux, Seigneret, Machefer ; le R. P. Dom Binnier, le R. P. Dom Poissonneau, bénédictins de Saint-Maur et de Solesmes, qui nous annoncent pour demain l'arrivée du R. P. Dom Féron, fondateur et prieur de Ligugé, et du R. P. Dom Fonteneau.

Tout à coup et du plus loin qu'ils les aperçoivent, les musiciens saluent Mᵍʳ l'évêque de Belley et le R. P. Abbé que tous ensuite nous acclamons par nos joyeux vivats,

Le souper qui suivit immédiatement cette réception fut très gai ; avant de quitter la table, M. le Supérieur souhaita la bienvenue à ses illustres hôtes ; et les élèves aussitôt de chanter avec entrain sur l'air traditionnel de Mongazon : Vive Louis ! Vive sa loi paternelle !

Il est sept heures et, d'après le programme « Thalie, la Muse de la Comédie personnifiée par M. Goupil et ses vaillants acteurs », nous attend dans la Salle des Exercices.

La séance s'ouvre par la *Marche des Étudiants.* M. Vidal est là qui dirige ses jeunes musiciens avec ce goût et ce talent que nous aimons toujours à applaudir.

Puis M. A. Ménard, élève de philosophie, exprime nos sentiments de joie et de reconnaissance à Mgr l'évêque de Belley, au R. P. Abbé, à M. le Supérieur et à tous les anciens élèves dans ce compliment spirituel et délicat :

MONSEIGNEUR,
MON TRÈS RÉVÉREND PÈRE,
MESSIEURS,

Les élèves de Mongazon ont pensé que, pour fêter dignement leurs aînés, la journée de demain était trop courte, et qu'il fallait commencer dès ce soir. Il convient, en effet, de faire défiler successivement sous vos yeux, autant que possible, tous les exercices et tous les divertissements disséminés dans l'année scolaire. Je dis autant que possible, car nécessairement beaucoup de petits événements qui font des années de collège ce qu'on est convenu d'appeler le plus beau temps de la vie, ne peuvent être renouvelés en ce jour. Ainsi ni ce soir, ni même demain, Messieurs, vous n'aurez d'étude pour faire une version grecque, ou aligner des vers latins, au risque d'encourir 25 Boileau par faute de quantité ; demain pas de promenade à Rivette ni sur les carrières, ou si vous faites ces promenades, ce ne sera qu'en imagination ; pas de classe, pas de pensum, et permission de causer à tous les repas. Une journée de collège sans classe, sans étude, sans pensum ! voilà ce qu'on ose à peine rêver ! que ferons-nous donc ?

D'abord ce soir nous sommes au mardi gras, et, selon la coutume, les élèves jouent la comédie, — la matinée de demain ravivera les souvenirs de Pâques ou même de Noël, si la température le permet : il y aura grand'messe, très solennelle, comme ces jours-là. — La grand'messe ne sera chantée qu'après la consécration de la chapelle et du bel autel qui vient d'être élevé sur les plans de M. Beignet, grâce à la générosité des anciens élèves. — Ceux qui seraient impatients sont avertis dès ce soir que la cérémonie est longue. — Mais il faut bien donner le temps de se reconnaître, de se serrer la main, de se promener dans la Cour d'Honneur en devisant du joyeux passé et d'exciter un peu l'appétit, excellente préparation au banquet. — A partir de une heure, les exercices rappelleront les fêtes des Supérieurs : d'abord un banquet tel que les économes les aiment peu, réunira dans une douce allégresse tous les enfants de Mongazon qui ont pu quitter leurs affaires ; — il sera égayé de musique et de chants qui égaleront, s'ils ne les surpassent, ceux des Herbault et des Bonafoux ; on pourra rire et toaster tout à l'aise, — puis on donnera sur la prairie le spectacle nouveau de courses à pied, en poche, et d'autres jeux divers (comme on ne manque jamais de dire dans l'annonce de la fête). Le soir venu, on dansera : jeunes et vieux, la main dans la main, danseront les rondes fantastiques autour des feux de joie, que tous ici connaissent, rondes dans lesquelles si peu d'alouettes et tant de pantalons ont été rôtis.

Monseigneur, est-ce pour des plaisirs en soi si futiles que vous avez quitté votre beau diocèse? — Non, vous avez voulu témoigner une fois de plus que vous aimez Mongazon, vous avez voulu nous bénir, nous encourager par votre haut exemple. Deux familles d'écoliers, celle de Belley, celle de Mongazon, se disputaient la joie de vous posséder aujourd'hui : ces deux familles vous sont également chères : vous aimez comme des enfants les élèves de Belley, vous nous aimez comme de jeunes frères. — Nos condisciples de Belley ne seront pas jaloux de la prédilection dont nous sommes l'objet : votre amour pour eux n'en est pas amoindri ; l'affection, comme tout don divin, s'épand sans se diminuer.

« Chacun en a sa part, et tous l'ont tout entière. »

Leurs vacances, nous dit-on, ont été un peu reculées ; soyez sûr, Monseigneur, que quand ils apprendront que vous les avez laissés quelques jours de plus au collège pour rendre heureux vos jeunes frères de Mongazon, ils ne pourront que vous féliciter : ils sauront apprécier les sentiments de délicate reconnaissance qui vous inspirent, comme nous savons apprécier le grand honneur que vous nous faites.

Mon Très Révérend Père, le jour où, dans sa chapelle, Mongazon eut l'honneur de voir en votre personne un de ses enfants recevoir la consécration sainte qui le mettait à la tête d'un des plus illustres monastères de France, les élèves de cette époque vous offrirent un anneau d'or. A cette occasion, dans un charmant et délicat discours, vous promettiez à Mongazon la fidélité dont l'anneau est le symbole. Votre promesse ne fut point vaine, et presque chaque année Mongazon se fait une fête de vous recevoir. C'est toujours avec une pieuse vénération, Mon Très Révérend Père, que nous revoyons votre visage si grave et si doux : il nous prêche que les austérités de Bellefontaine procurent des joies ineffables et donnent à toute la personne une dignité et une calme bonté que Dieu seul sait départir à ses amis les plus intimes.

Messieurs, demain Mongazon est tout à vous : — à vous les études, les classes, et surtout la chapelle : — vous y ranimerez maint souvenir à demi-éteint dans les cendres du passé ; — pendant quelques heures, redevenus écoliers, vous verrez refleurir les jours bénis de votre enfance et de votre jeunesse. — Demain se consolidera l'union entre les aînés et les jeunes : ce que vous êtes, nous le serons si Dieu nous prête vie ; — nous travaillerons à nous rendre dignes de la belle famille à laquelle nous appartenons. — Quel que soit l'âge, aujourd'hui nous ne sommes tous que des enfants de Mongazon : enfants de dix ans, *qui déclinons rosa et Dominus:* enfants de dix-huit ans, fiers de leur naissante moustache, non moins que de leurs premiers succès au baccalauréat: enfants à barbe grise; enfants dont quelques-uns sont déjà grands-pères, ne sommes-nous pas vraiment un peuple de frères ? n'avons-nous pas la même affection pour Mongazon, ne chantons-nous pas le même refrain : *Vive Urbain,* vive André dans tous les cœurs !

En terminant, *au nom des anciens élèves*, je ferai à Monsieur le Supérieur un léger reproche : c'est d'avoir transformé notre collège. Qu'avez-vous fait, Monsieur le Supérieur, des murs de cette salle, de nos classes, des carreaux de nos dortoirs, de nos cloîtres ? Ces murs savaient tant de bonnes histoires ; quelques-uns même, paraît-il, en portaient les traces ; — ce qui vous excuse, Monsieur le Supérieur, c'est que, dans cette œuvre si heureuse, vous n'avez épargné ni votre peine, ni votre bourse. — Au nom, à la fois, des aînés et des jeunes élèves, je veux vous remercier aussi, Monsieur le Supérieur, d'avoir, par votre entreprenante activité, enfin réalisé le projet si longtemps caressé, si longtemps ajourné, de réunir dans une vaste association tous les frères de la grande famille. Vous avez réussi au-delà de toute espérance : puisse la fête d'aujourd'hui qui, grâce à tous, s'annonce si belle et si touchante, n'être que la première d'une série sans fin ! Puisse Mongazon et l'association de ses anciens élèves vivre longtemps, vivre toujours !

Mgr l'Évêque de Belley répond à peu près en ces termes :

MONSIEUR LE SUPÉRIEUR,

Je vous remercie très cordialement d'avoir bien voulu m'associer à cette fête qui relie le présent au passé. Quel bonheur vous me faites ! Et quel bonheur j'éprouve ! Partout où je regarde je vois des amis ; j'aperçois quelques-uns de mes maîtres d'autrefois ; tous ces chers enfants me rappellent mes jeunes années. Jamais je n'oublierai la bonté de mes vieux maîtres ; jamais je n'oublierai Mongazon que j'ai tant aimé. Oh ! j'ai conservé en mon cœur un doux souvenir : j'allais quitter cette maison ; ma peine était si grande que je me pris à écrire sur des feuilles de rose, ces mots de nos Saintes Lettres : « *Si non meminero tui, Jerusalem oblivioni detur dextera mea.* » Les feuilles de roses se sont fanées ; mais mon affection reste toujours vivace. Merci pour les souhaits que l'un de vos condisciples vient de m'offrir en termes si délicats. — Vous me disiez : Il fait bon se souvenir du passé. — Oui, cela repose l'âme ; il est bon de regarder le chemin parcouru.

Avec quel profond sentiment de respect et d'affection je me rappelle notre vénérable Supérieur, Monsieur l'abbé Subileau, et ceux de mes maitres qui sont morts! Souvent ces souvenirs me remontent au cœur maintenant surtout que je vis loin de l'Anjou, et je me plais à unir dans un même amour Angers et Belley, mon Petit-Séminaire diocésain et Mongazon. Sans doute j'ai laissé mes chers enfants de Belley pour venir vers vous ; je n'ai pas toutefois reculé leurs vacances comme vous l'avez cru ; je n'aurai pas le bonheur de présider leurs fêtes ; mais ils ne vous en veulent pas, et trouvent bien légitime l'amour que je porte à Mongazon. — Je vous salue en ce moment, Monsieur le Supérieur ; et vous aussi, Messieurs les Vicaires généraux, Messieurs les Professeurs, et vous tous mes vieux condisciples, et mes chers enfants !

Je vous salue particulièrement, mon Révérend Père, qui dirigez au milieu de tant de difficultés l'un des plus beaux monastères de France, la Trappe de Bellefontaine. Ensemble n'avons-nous pas reçu l'onction sacerdotale à la cathédrale d'Angers ? Précieux souvenirs !

Depuis ce jour la Providence nous a confié à tous les deux une redoutable charge : vous devez diriger vos frères dans les voies du salut, et moi un diocèse entier. — Mais Dieu qui vous a béni continuera de vous protéger.

Ces paroles de Mgr Luçon vont droit au cœur de tous et sont longuement applaudies.

La Musique entonne : Vive Urbain! puis le rideau se lève. — *Les Étourdis*, comédie en trois actes. — Bravo, chers acteurs ! Honneur à celui qui vous a formés pour la scène ! De l'aveu de tous, vous avez interprété avec goût le chef-d'œuvre plein de finesse d'Andrieux ; aussi avez-vous enlevé les applaudissements ; et quels rires a excités votre danse originale de la *Fricassée!*

Tenez, et c'est là votre plus bel éloge, nul des Petits n'a fermé l'œil, et pourtant onze heures allaient sonner.

Tempus erat quum prima quies mortalibus ægris
Incipit . . . .

. . . .

Une demi-heure après tout un essaim de rêves joyeux descendait sur le collège.

Toutefois l'on dit, M. l'Économe, que vous avez veillé très tard.

Sans doute vous rappeliez-vous le beau vers du vieil Homère : « Il ne doit pas dormir la nuit entière l'homme chargé de diriger. »

Mais... prenez courage ! Ce soir à la peine, demain... à la gloire !!

*
* *

M. le Supérieur avait oublié de marquer l'heure du réveil sur le programme : cependant tout alla pour le mieux ; ce matin-là, le soleil ne trouva personne endormi.

Après la prière, une récréation suivie du déjeûner.

Il est huit heures : Mgr l'Évêque de Belley va consacrer notre chapelle et l'autel que nous avons offert à Mongazon : Mgr Freppel lui a laissé cet honneur et cette joie.

Tout est prêt ; la nef est vide de bancs ; les cierges sont allumés ; on a préparé le saint chrême, l'huile sainte, l'encens, l'eau, le feu, la cendre, le sel et le vin, la cire, la chaux et le sable, toutes les matières et tous les instruments qui serviront à la consécration.

M. le chanoine Bretaudeau, curé de Saint-Aubin des Ponts-de-Cé, et M. le chanoine Lecacheur, supérieur de la communauté de Sainte-Anne, assistent Mgr Luçon qui, debout dans le vestibule de la chapelle, commence de chanter : « Soyez présent ici, Dieu un et tout-puissant, Père, Fils et Saint-Esprit ! »

Le chœur entonne aussitôt les Litanies, et invoque deux fois la Très Sainte Vierge en l'honneur de qui l'autel est dédié et deux fois les saints martyrs Vital et Tranquille, dont les reliques y seront incluses.

Ensuite le pontife exorcise et bénit le sel, l'eau, la cendre et le vin.

Je voudrais pouvoir citer tout au long ces grandes prières du *Pontificale Romanum*, pleines de lumières et de poésie, ces sublimes entretiens du prêtre avec Dieu, ces paroles puissantes qui évoquent la création matérielle, la purifient, la délivrent du pouvoir du démon, la rétablissent dans sa dignité première ; ces supplications à la fois respectueuses et souveraines qui appellent et font descendre les Anges de Dieu sur terre.

Mgr Luçon accomplit successivement tous ces rites de la Liturgie, jette l'eau sainte sur les murs de la chapelle, trace le signe de la croix sur la porte pour mettre en fuite les Esprits de ténèbres, s'avance au centre de la nef et implore le secours de l'Esprit Créateur : *Veni, Creator spiritus.* — Le chœur continue l'hymne ; M. le chanoine Machefer jette alors la cendre bénite d'un bout à l'autre de la nef en forme de croix ; et tandis qu'on chante le cantique de Zacharie : *Benedictus Deus Israël*, le pontife trace avec sa crosse sur la cendre répandue l'Alphabet Grec et l'Alphabet Latin.

Il s'avance ensuite vers l'autel, le marque du signe de la croix, l'asperge d'eau bénite, puis avec cette eau sainte, la chaux et le sable il compose un ciment.

Et maintenant le temps est venu d'aller chercher les reliques des saints Martyrs. Dès la veille, elles ont été déposées dans la *Petite Chapelle*, sur la cour des Moyens. — Nous nous y rendons processionnellement.

Avant d'entrer, Monseigneur s'adresse à Dieu : « Père, « nous vous en prions, ôtez-nous toutes nos iniquités ; « faites-nous dignes de toucher les membres de vos « saints ! »

Au retour, le chœur chante : « Sainte de Dieu, levez- « vous de vos demeures ; les montagnes et les collines

« vous attendent et tressaillent de joie ; sanctifiez ces lieux,
« gardez-nous dans la paix ! Alleluia ! »

Et dans les fumées de l'encens, au milieu des lumières,
les glorieux restes des protecteurs de Mongazon traversent
les cloîtres ornés de guirlandes, de verdure et de fleurs.
Quelle récompense pour vous, cher M. Préaubert ! La plus
belle part des décorations vous est échue, et l'on sent que
vous y avez mis toute votre piété et tout votre cœur.

Mais voici que les Martyrs entrent dans la chapelle :
Laudate Dominum in Sanctis ejus! Monseigneur oint
avec le saint chrême les cavités ou sépultures qui doivent
recevoir leurs reliques vénérées : « Les saints se réjoui-
ront dans le lieu de leur repos ! » Il encense les précieux
ossements et fixe la pierre consacrée qui fermera le tombeau tandis que le chœur dit : « Un ange était debout près
« de l'autel ; dans sa main il tenait un encensoir d'or ; et
« le parfum des aromates monta devant Dieu. »

Les encensements se prolongent autour de l'autel ; le
chœur chante des psaumes ; puis le Pontife, dans une pré-
face sublime, exalte les saintetés et les vertus de l'autel,
donne une dernière onction à la pierre qui tout à l'heure
portera Jésus-Christ. Enfin, il demeure en prières : « Sei-
« gneur, donnez-moi la force et l'espérance ; et que tous
« ceux qui viendront prier à cet autel obtiennent la bien-
« heureuse éternité ! »

La cérémonie avait duré deux heures et demie ; le plain-
chant fut exécuté avec une grande précision par *la Schola*
ou chœur d'élèves qu'avait exercés M. l'abbé Harpin (1).

____

(1) Les cérémonies de la consécration d'une église sont fort compliquées.
Cependant elles furent faites avec beaucoup d'ordre. — Aussi, le jour de la
Distribution des Prix, Mgr Freppel daigna-t-il en témoigner toute sa satis-
faction. — Voilà bien le plus bel éloge que peuvent recevoir M. Louis
Lefèvre, M. Harpin et les élèves qui y prirent part.

Cependant, Mgr Freppel est arrivé à Mongazon. Tandis que le R. P. Abbé revêt à la sacristie les ornements pontificaux pour célébrer la messe, M. le Supérieur, MM. les vicaires généraux, tous les chanoines vont chercher Sa Grandeur. Mgr l'évêque d'Angers prend place sur son trône au côté de l'évangile, Mgr Luçon et le R. P. Abbé au côté de l'épître.

M. le chanoine Godineau, Supérieur de la communauté de la Salle de Vihiers, remplit les fonctions de diacre, et M. le chanoine Chaplain celles de sous-diacre.

Les élèves occupent le bas de la nef; la tribune, le chœur et les transepts sont pleins d'anciens élèves.

Après l'évangile, M. le Supérieur prononce le discours suivant où l'on sent déborder toute la reconnaissance et l'amour dont son cœur est rempli.

Messeigneurs,
Mon Révérend Père,
Messieurs.

I. Ma première parole aujourd'hui doit être une parole de reconnaissance. Jamais aucune ne m'aura été plus agréable à prononcer.

Vous devez le penser, Messieurs, ce n'est pas en mon nom seul que je parle en ce moment. D'autres doivent se joindre à moi pour donner à ma parole plus d'autorité. Évoquez donc par le souvenir les temps passés; faites-les revivre avec ceux qui les ont traversés en votre compagnie et à votre tête. Augmentez ainsi le nombre déjà si grand de ceux qui se sont fait un devoir d'assister à ce rendez-vous de la gratitude et de l'amitié. Vous l'avouerez, nul, plus qu'eux, n'a le droit d'y paraître. Ils doivent être des nôtres aujourd'hui; sans eux, en effet, ni la famille ni la fête ne seraient complètes. Donnons-nous le plaisir, moi de les nommer, vous d'entendre leurs noms; c'est d'un coup nous rajeunir en ramenant avec eux tout un passé plein de charmes. Ils s'appellent Urbain Mongazon, Bernier, Derice, Bompois, Subileau. Qu'ils viennent se joindre au seul qui survive, au vénérable M. Priou, que vous voyez ici riche de mérites, entouré, à juste titre, de la considération universelle. Que tous parlent avec moi. Que vont-ils dire ces vénérables Supérieurs qui ont contribué, chacun pour sa part, à faire cette maison ce qu'elle est, qui aimaient si chèrement leur collège, qui avaient tant à cœur la gloire de la maison de Dieu, en voyant cette dernière, et autel en particulier tout resplendissants de la consécratio. ciel et moins indignes du grand Dieu qu'ils habitent?

Ce qu'ils vont dire, Messieurs? Ce que je vais dire moi-même, car leurs sentiments seraient les miens. Nous disons : merci ! Merci, à Dieu d'abord qui a protégé si visiblement Mongazon depuis sa fondation ; — merci à la Vierge bénie qui a si constamment rempli la mission que nos pères lui ont confiée, *posuerunt me custodem,* en faisant la garde autour de nous ; — merci à vous, Monseigneur d'Angers, qui, à toutes les marques de bienveillance et d'intérêt que vous nous avez données, avez voulu en ajouter une autre, en nous permettant de couronner aujourd'hui, par la consécration de notre chapelle, l'œuvre de restauration de notre Collège ; — merci à vous, Monseigneur de Belley, qui avez toujours été si bon et si délicat pour nous : laissez-nous vous dire notre bonheur en ce moment; nous avons applaudi plus que vous à votre exaltation, vous devez vous en souvenir; avec quelle joie nous apprenons aujourd'hui que le peuple auquel vous êtes allé « *in fide et lenitate* » applaudit plus que nous encore à l'heureux partage que Dieu lui a fait en vous donnant à lui ; — merci à vous, mon Révérend Père, qui avez laissé de si vifs souvenirs dans cette maison et qui lui êtes resté si attaché ; que vos frères ont bien fait en vous choisissant pour père et pour guide à un âge où d'ordinaire on n'est guère que disciple; ils ne se sont point trompés en estimant la sagesse comme le fait l'Écriture, non au nombre des années, mais au sens, à la vertu, à l'irrépréhensibilité de la vie : *Cani sunt sensus hominis et ætas senectutis vita immaculata* (1); — merci à vous enfin, Messieurs et chers anciens Élèves, car sans vous nous

______
(1) Sap. IV. 8, 9.

n'aurions point cette fête, Dieu n'aurait pas cette chapelle si artistement restaurée, ni cet autel destiné à faire tant d'honneur à l'intelligent architecte qui en a conçu le plan et à ceux qui l'ont si habilement exécuté.

Lorsque j'eus la pensée de placer ici cet autel, je voulus l'établir comme un centre où nous pourrions nous réunir efficacement et sûrement nous retrouver. Je ne vous connaissais pas pour la plupart, mais je soupçonnais la bonté de vos cœurs. Il me suffisait, du reste, de savoir que la même mère nous avait nourris, le même Dieu, protégés ; dès lors je n'avais qu'à interroger mes sentiments à l'égard de l'un et de l'autre pour connaître les vôtres et m'assurer d'être accueilli comme un frère. Je l'ai été mieux qu'un frère ; je l'ai été comme notre mère commune l'eût été elle-même si elle vous avait dit : « Mes fils, voulez-vous achever l'œuvre que vous avez si noblement commencée et donner à la maison de Dieu, si bien restaurée par votre générosité, un trône pour ce grand Dieu, plus digne de vous et plus digne de Lui ? Voulez-vous de plus resserrer les liens qui vous unissent autour de l'autel que vous aurez élevé, dans une fête où la famille sera complète puisqu'elle verra à sa tête l'Évêque qui est son père, des princes de l'Église qui sont vos frères, dans une fête où vous pourrez dire vraiment, tant les cœurs seront unis : *unum corpus multi sumus* (1), malgré notre grand nombre nous ne formons qu'un corps, et mieux encore : *cor unum et anima una* (2), qu'un seul cœur et qu'une seule âme ?

Je n'oublierai jamais, Messieurs, avec quelle sympathie j'ai été reçu, avec quelle tendresse de sentiments, quelle délicatesse d'expressions le très grand nombre m'a répondu. De partout me sont arrivés les témoignages les plus touchants de reconnaissance, les vœux les plus ardents pour la prospérité de l'avenir, les regrets les plus vifs de ceux qui ne pouvaient se joindre à nous. J'en suis fier pour notre Collège ; je vous le dis pour que vous le soyez comme moi. La gloire d'une mère ne vient-elle pas de l'amour, de la tendresse, de la géné-

---

(1) I. Cor. X. 17.
(2) Act. IV. 32.

rosité de ses enfants? Je parle de générosité ! certes la vôtre a été grande quoique ce fût la troisième fois qu'on la sollicitât. Vous avez donné comme on donne à une mère, sans compter. Pour l'apprécier, du reste, regardez cet orgue, cette chapelle, cet autel ; Messieurs, c'est votre œuvre !

Aussi, au nom de cette mère, en mon nom, au nom de tous ceux qui l'ont représentée devant vous, avant moi, au nom surtout du vénérable M. Subileau, qui s'est tant occupé de toutes ces choses, et dont les restes, qui sont ici, doivent tressaillir aujourd'hui dans leur tombeau ; du fond du cœur, je vous dis : merci.

II. Et maintenant, regardons ce qui se passe ici, en ce moment. Quel spectacle nous avons sous les yeux ! En le contemplant, plusieurs parmi vous, Messieurs, doivent s'en rappeler un autre semblable qui n'a pas manqué de laisser des traces profondes dans leur esprit et dans leur cœur.

C'était le 7 août 1838. En ce jour, cette chapelle recevait la première bénédiction qui la consacrait à Dieu. Un vieil évêque, au grand cœur, dont le nom restera toujours vivant dans ce diocèse, Monseigneur Charles Montault présidait la cérémonie. A côté de lui, l'on remarquait un vieillard comme lui ; c'était M. Mongazon chargé d'années et de bonnes œuvres. Rien de plus touchant, au dire des contemporains, que l'union de ces deux vétérans de la vertu, l'Évêque se plaisant à faire une place à part au prêtre qui avait tant fait pour l'éducation dans le diocèse, et, s'ingéniant pour avoir l'air de partager avec lui les honneurs de la journée comme il en partageait les joies ; tous les deux se réjouissant, au soir de leur vie, de pouvoir consacrer à Dieu un monument où il serait plus convenablement traité et où il résiderait comme le cœur destiné à tout sanctifier. Autour d'eux se pressait « une jeunesse brillante d'espérance et d'avenir, recueillie dans une affectueuse vénération en présence de ces deux nobles vieillards dont le front rayonnait de vertus et de mérites. » (M. Bernier, not. sur Beaup.)

Je me demande, Messieurs, si le présent a quelque chose à envier au passé? En ce temps-là, l'arbre commençait à peine à se développer. A l'heure présente, il offre ses fruits. Ils sont tels qu'on devait les attendre de Celui qui l'a planté, car, dit l'Écriture : *fructus justi, lignum vitæ* (1), trois évêques, plus de sept cents prêtres, des religieux, des missionnaires, et, dans le monde, combien de généreux chrétiens?

Vous le voyez, si la situation, en ce moment, ressemble en quelques points à celle de 1838, il y a des différences; or, ces différences, si je ne me trompe, sont toutes en notre faveur. Ce ne sont plus deux vieillards qui se rencontrent comme pour jouir une dernière fois du plaisir de glorifier Dieu ensemble, c'est un évêque heureusement moins chargé d'années que de gloire, dont l'âge, d'accord avec nos vœux, nous permet d'espérer de le conserver longtemps encore, qui partage, avec deux de ses fils, dont l'un lui doit la bénédiction abbatiale, l'autre la consécration épiscopale qui l'a fait son frère, les honneurs et les joies de cette journée. — Autour d'eux, vous voyez non seulement une jeunesse brillante, mais une assemblée d'hommes de tous les âges, beaucoup ayant plus à compter dans le passé qu'à espérer dans l'avenir, le très grand nombre ayant déjà réalisé une très grande partie des espérances que leur travail, leur bon esprit, leur religion sérieuse au collège faisaient concevoir, qui apportent, d'un côté, à notre mère commune, ou plutôt à Dieu, l'honneur de leur vie et la consécration dont ils jouissent, de l'autre, à leurs plus jeunes frères, la leçon la plus salutaire et l'encouragement le plus puissant.

Et combien qui n'ont pu venir — en particulier le vénérable évêque de Tulle, Mgr Denéchau — et qui regrettent profondément de ne pouvoir se joindre à leurs anciens camarades pour témoigner leur reconnaissance à leur collège, se rajeunir aux souvenirs d'autrefois et se réchauffer le cœur, en rappelant, aux lieux mêmes où ils les ont goûtées, les pures joies du passé si bonnes, si exemptes de soucis, si complètes et si différentes de la plupart de celles qu'ils ont goûtées depuis.

Ce bonheur, vous l'avez, vous, Messieurs. Que de souvenirs pour vous dans cette maison! Études, classes, cours de récréation, chapelle surtout, comme tout se ranime aujour-

---

(1) Prov. XI. 30.

d'hui ! comme tout se repeuple ! quelle résurrection ! — Quel plaisir de revenir homme là où l'on a vécu enfant, de retrouver les choses qui ont remué nos âmes de jeunes gens, de se dire : j'étais là, comme si nous avions laissé là une partie de nous-mêmes qui y reste et qui nous y attend toujours. Heureux souvenirs de l'enfance et de la jeunesse ! Quelle fraicheur ils apportent avec eux quand on les évoque à certaines heures !

Mais au collège, Messieurs, y a-t-il un lieu où les souvenirs se pressent plus nombreux qu'à la chapelle ? Ici, tout a une voix, depuis le dernier banc jusqu'au tabernacle de Dieu. La chapelle, c'est le centre, c'est le cœur, c'est le lieu où le ciel touche à la terre, où Dieu et l'homme se rencontrent sans témoins, se parlent sans effort, se comprennent d'un coup, où la faiblesse qui sollicite et la toute-puissance qui donne se touchent de si près que le succès de la première est assuré d'avance, où Jésus-Christ, enfin, reste dans son tabernacle comme le plus constant des amis pour écouter, guérir, éclairer, consoler, fortifier et donner, quand il en sort, un avant-goût du Ciel en se donnant lui-même.

Combien de ces souvenirs sont venus au-devant de vous ce matin, quand vous êtes entrés dans cette chapelle, dans toute leur jeunesse, car, plus heureux que nous, ils n'ont point vieilli ? Quelques-uns sont les mêmes pour tous, mais qu'il y en a eu de particuliers : première communion pour beaucoup, première messe pour quelques-uns, bénédiction abbatiale pour vous, mon Révérend Père, jours de grâces pour tous. A chacun de relire l'histoire de sa vie dans ces lieux qui en fournissent les plus sûrs documents. C'est ici, dira l'un ou l'autre, que Dieu parla pour la première fois à mon âme et la frappa victorieusement en la fixant sur Lui ; ici que je m'agenouillai pécheur et que je me relevai vertueux ; ici que je trouvai Dieu si bon pour moi que je marquai cette heure bénie par les plus douces larmes, ici, ici... Arrêtons-nous ; n'est-ce pas que ce cortège composé de diverses parties de votre vie d'enfant et de jeune homme disparue ne vous a guère quittés ? — Il me semble, Messieurs, en songeant à tout ce qui s'est passé, ce matin, que tout cela va vous devenir plus cher, après la consécration de ce monument, comme deviennent plus chers les objets sur lesquels la bénédiction d'un père ou d'une mère a passé.

III. Que je vous remercie, Messieurs et chers anciens élèves de Mongazon, et que mes vénérables prédécesseurs vous remercieraient de grand cœur avec moi de l'acte de fraternité et de reconnaissance que vous accomplissez aujourd'hui ! Mais, n'est-ce que cela ? Serait-ce uniquement pour jouir du plaisir de vous revoir aux lieux où vous avez été élevés que vous êtes venus ici ? Votre démarche n'a-t-elle pas une signification plus haute ? Oui ! oui ! C'est une sorte d'acte de foi, pour vous surtout qui venez du monde. En vous joignant à vos amis qui sont prêtres, en revenant dans une maison dirigée par des prêtres, vous montrez manifestement que vous n'avez avec eux qu'un même esprit et une même foi : *Unus spiritus in eis et una fides* (1). Vous venez dire que vous n'êtes pas du nombre de ceux qui « tiennent toutes choses indifférentes, sauf les affaires et les plaisirs » (Bossuet), mais de ceux qui professent hautement que ce qui regarde l'âme est bien supérieur à tout le reste, que les vrais hommes de bien ne savent pas l'être sans Dieu, que, seule, la sainte Église, sa représentante ici-bas, peut produire des hommes irréprochables, non seulement parce qu'il ne saurait y en avoir quand Dieu n'est pas loyalement servi, mais parce que, seule, elle peut donner aux vertus ce cachet de grandeur et de constance qu'aucun principe humain ne fournira jamais. — Et c'est parce que vous avez le même esprit et la même foi que tous les cœurs tout à l'heure vont chanter à l'unisson : *Ecce quàm bonum et quàm jucundum habitare fratres in unum* (2).

Messieurs, je demande à Dieu de faire passer l'esprit des aînés dans leurs frères plus jeunes. Que le Mongazon d'aujourd'hui reste le Mongazon d'autrefois ; qu'il devienne meilleur encore, s'il est possible, qu'il soit toujours un collège invariablement fidèle aux grands principes d'honneur et de religion, ferme dans la foi, inébranlable dans les espérances

---

(1) Off. Mart. Resp. III. Noct.
(2) Ps. CXXXII. I.

de l'autre vie, dévoué jusqu'à la mort à la sainte Église et à Dieu comme le doivent être des chrétiens et des fils de M. Mongazon ! Qu'on y forme toujours des hommes qui soient ce que Notre-Seigneur demandait à ses Apôtres, des témoins de Dieu au milieu du monde, *eritis mihi testes* (1), des témoins sans peur parce qu'ils sauront se garder sans reproche ! Ah ! je me plais à le dire en finissant, le Ciel a été bon deux fois pour notre génération depuis vingt ans ; car, aux principes qu'elle reçoit ici, il joint l'exemple en mettant sous ses yeux un modèle irréprochable. Ce modèle, c'est vous, Monseigneur, vous, si intrépide et comme infatigable dans vos luttes pour la justice et pour la vérité.

Demandez pour nous cette énergie et cette constance dans l'affirmation de nos croyances, vous, mon Révérend Père, qui allez tout à l'heure faire descendre, pour la première fois, sur cet autel, le Dieu auquel notre amitié fraternelle l'a élevé pour qu'il soit le trait d'union béni qui nous rapproche constamment les uns des autres. Dans cette fête qui doit ajouter un cher souvenir à tant d'autres, tous, Messieurs, évoquons devant Lui notre passé si chargé de grâces et prions son ministre de présenter à Jésus-Christ nos suffrages, d'abord pour ceux qui ne sont plus, car il faut que tous participent à notre fête, puis, pour nous, notre reconnaissance pour le passé qu'il a su faire si bon et pour nos joies présentes, en même temps que pour les fermes résolutions qui doivent assurer l'avenir.

Vive Dieu, dirai-je avec David, qu'Il protège Mongazon aujourd'hui et toujours ! Qu'Il nous garde longtemps notre grand Évêque, le vaillant défenseur de tout ce qu'Il aime le plus au monde. Qu'Il bénisse notre association naissante et tous ses enfants réunis aujourd'hui dans les mêmes sentiments, absents et présents ! Qu'Il fasse de nous tous des saints en ce monde et, plus tard, des élus, pour qu'à la fin, tous les fils de Mongazon puissent reformer la famille Là-Haut, sans qu'il en manque aucun !

Ainsi soit-il !

---

(1) Act. I. 8.

M⁰ʳ Freppel répond à M. le Supérieur par une allocution que nous regrettons de ne pouvoir reproduire.

Monseigneur félicite M. le Supérieur d'avoir réuni en ce jour tous les anciens élèves du Petit-Séminaire ; il félicite Mongazon de compter parmi ses enfants Mᵍʳ Luçon, évêque de Belley, et le R. P. Abbé de Bellefontaine qui seront à jamais nos gloires les plus pures. — Ensuite l'éminent Prélat nous dit quelle est la grandeur de l'autel chrétien où réside le Verbe Incarné, où tout doit converger dans une maison d'éducation chrétienne et d'où rayonne sur tous la grâce de Dieu. Puis il évoque les nobles figures de Mᵍʳ Montault, le restaurateur de ce diocèse, de M. Mongazon, le restaurateur des petits séminaires en Anjou, des Dericé, des Bernier, des Bompois, des Subileau qui ont élevé si haut le niveau de la piété et des études en notre contrée. — Il remercie enfin tous les anciens élèves présents, et leur conseille de rester unis ; car aujourd'hui surtout l'union des esprits et des cœurs peut seule nous assurer la victoire. *Frater, qui adjuvatur a fratre, quasi civitas firma* (1).

Quelle imposante cérémonie ! Le grand évêque d'Angers priant avec nous dans cette chapelle consacrée par un autre évêque, fils de Mongazon ; sept cents voix chantant à l'unisson le *Credo* de Dumont ; le R. P. Abbé de Bellefontaine, enfant du collège, appelant Dieu du ciel sur cet autel encore tout parfumé des onctions saintes, tandis que l'orgue, sous la main d'un de nos jeunes frères (2), fait entendre ses notes harmonieuses !

Avec quelle émotion nous avons redit comme aux jours de notre jeunesse : « *Ecce quàm bonum et quàm jucundum habitare fratres in unum !* »

Plusieurs d'entre nous ont pleuré à ce moment béni.

(1) Prov. XVIII. 19.
(2) M. Noël Charton, élève de Philosophie.

La messe est finie. Cependant, avant de sortir de la chapelle, regardons l'autel une dernière fois. Il est en marbre blanc et de style Renaissance. Devant le tombeau quatre groupes de colonnes en brèche blanche et du meilleur effet séparent trois médaillons de marbre rose que sans doute on enrichira plus tard de motifs en bronze. — Aux côtés du tombeau deux arrière-corps portent des candélabres. — Au-dessus des gradins fort simples, le soubassement du retable qui est orné de rosaces sculptées, puis le retable lui-même en marbre blanc et couronné par une galerie habilement ouvragée. — L'exposition haute et large donne à l'autel un grand caractère ; aux quatre angles de cette exposition, on a placé des anges ; le tout est surmonté d'une lanterne. Assurément l'ensemble plaît à l'œil ; et cette œuvre fait grand honneur à M. l'architecte Beignet et à MM. André et Moisseron.

En vérité, notre chapelle est toute transformée. — Le vestibule lui-même a été remis à neuf et bien décoré. — Un beau dallage en mosaïque ; aux fenêtres, de jolies grisailles ; sur les murs, à droite et à gauche de la porte de la chapelle, deux larges plaques de marbre blanc.

Sur la première, nous lisons les noms de tous les Supérieurs de Mongazon et les beaux vers latins composés pour chanter leurs vertus par des poètes amis.

Sur la seconde, on a gravé, également en lettres rouges, les noms de tous les Professeurs qui ont enseigné à Mongazon : c'est leur *Tableau d'Honneur !*

Au-dessus de la porte d'entrée cette inscription, que la plus vraie charité a dictée à M. le Supérieur :

Mementote præpositorum vestrorum.

Oui, chers élèves, souvenez-vous de vos maîtres qui vous ont donné le meilleur de leur âme, leur amour et leur science. Souvenez-vous de vos maîtres et priez pour eux !

MEMENTOTE PRÆPOSITORUM VESTRORUM

R. R. D. D.

Urbanus MONGAZON

La Barre, 1833-35. — Mongazon, 1835-39.

Condidit has ædes patriis à sedibus exul,
    Collectam gentem suaviter usquè regens,
Urbanus totus, re, nomine, moribus, ore
    Qui nomen nobis et cor habére dedit.

Henricus BERNIER

Adj., 1837-39. — Rector, 1839-42.

Advocat Henricum senior pater ; advolat ille
    Nil sua respiciens ; nàmque jubebat amor.
Pectus, vis animi, mentis laudatur acumen ;
    Tali ornata viro floruit aucta domus.

Petrus DERICE

1842-45.

Filius Urbani fretus pietate paternà
    Res inter fractas spes animosque novat.
Arbor trunca fuit, ramis et fronde resecta ;
    Luxurians pandit mox rediviva comam.

Joan.-Bapt. BOMPOIS

1845-50.

Succedit Petro Urbani de gente Joannes,
    Vir bonus et rectus, judicioque sagax.
Altiüs evehitur, summo insignitus honore,
    Guillelmo carus, carus et Æmilio.

Joan.-Bapt. PRIOU

1850-56.

Moribus Urbanum patrem revocare videtur,
    Ipse sibi constans, comis et ingenio.
Hoc illi in votis fuit, ut viventibus una
    Quæque beata dies lætaque vita foret.

Maturinus SUBILEAU

1856-1885.

Rectè scribendi princeps, idemque disertus
    Sex propè lustra gregem pavit amore pio.
Multorum hanc sacram decoravit sumptibus ædem
    Divite quæ tumulo continet ossa memor.

Andreas LEDOYEN

1885, mense febr.

« Un dîner *refroidi* ne valut jamais rien. »

Une demi-heure de retard ! M. l'Économe voit le péril….
il saura le conjurer : « Messieurs, vite prenez place au
banquet. »

La tente, assez vaste pour abriter *sept cents* convives a
été ornée avec un goût parfait et dans le fond, auprès du
bosquet, l'on a dressé une table d'honneur où vont s'asseoir
Mgr Freppel, M. le Supérieur, Mgr Luçon, le R. P. Abbé,
M. Valansio, vicaire général de Belley ; Mgr Chesneau,
Mgr Pessard, M. Goupil, M. Grimault, grands vicaires
d'Angers ; M. Priou, ancien supérieur du collège.

A leurs côtés nous remarquons M. le curé de Longué,
enfant bien-aimé de M. Mongazon ; M. le Docteur Gripat
toujours si dévoué à notre collège ; M. le Supérieur de
l'Externat Saint-Maurille ; M. le Supérieur de Saint-Louis
de Saumur ; M. Ollive, Supérieur de philosophie au Grand
Séminaire ; le R. P. Dom Féron, Prieur de Ligugé, et
M. Thuillier, curé de Trémentines, les deux aînés de la
famille.

Quatorze autres tables aboutissent perpendiculairement
à la table d'honneur ; nous y sommes groupés par cours ;
et tout a été si bien, si mathématiquement ordonné par
M. l'abbé Rebondy et par M. l'abbé Bouchery qu'en moins
de cinq minutes chacun de nous a trouvé sa place.

A peine les serviettes ont-elles été dépliées qu'un franc
rire éclate par toute la tente. Ce sont vos *Menus*, cher
M. Roger, qui déjà nous mettent en belle humeur ; vos
sept cents menus, tous dessinés à la plume et tous diffé-
rents les uns des autres. Vraiment, vous avez l'imagination
féconde et… un petit brin de malice. Mais, n'est-ce pas là
le sel de la vie et de tout bon festin ? Tenez, je sais maint
docteur qui a beaucoup ri de l'instrument de M. Purgon
dont vous l'avez armé ; et maint trésorier d'Association
qui s'est fort éjoui se voyant transformé en affût de canon

de forteresse. J'ai vu tel professeur de musique se pâmer devant un superbe orchestre de chats que chat lui-même il dirigeait ; je pourrais aussi vous parler de tel faiseur de compte rendu que ses voisins prétendaient reconnaître sous la figure d'un « *saint homme de chat bien fourré* » tenant en patte un parapluie et braquant sur l'assemblée deux énormes lunettes.

Mais je n'en finirais pas si je voulais énumérer ici toutes les allusions spirituelles, gracieuses ou piquantes dont sont pleins tous vos petits chefs-d'œuvre. Les chauves surtout me le pardonneraient-ils ?

D'ailleurs, chacun de nous voulut emporter son menu ; que pourrais-je dire qui vous louât davantage ?

Toutefois, au nom des membres de notre Association, laissez-moi vous féliciter aussi du portrait de M. Ledoyen. Vous l'avez fait en cachette et sur simple photographie ; je puis vous dire que M. le Supérieur a trouvé fort agréable cette surprise et que tous nous avons applaudi à la délicatesse de votre cœur et à votre talent qui semble se jouer des difficultés.

Cependant, au souvenir des vieilles histoires de jeunesse, des bons tours de collège, de mille et mille légendes, la gaieté va toujours croissant et devient presque tapageuse.

Honni soit qui mal y pense. Horace n'a-t-il pas dit qu'il est doux de s'oublier par moment ?

« Dulce est desipere in loco. »

Vers le milieu du festin, la musique joue une *Grande Fantaisie* de Verdi, et *Vive Urbain*, puis M. le Supérieur se lève et prononce le toast suivant :

C'est comme supérieur de la Maison que je vais parler, Messieurs, et c'est à ce titre que je me fais l'interprète de tous auprès de vous, Monseigneur, pour vous offrir nos vœux et notre reconnaissance. — Vous avez sous les yeux des représentants de toutes les générations qui se sont succédé au Collège depuis 1835. — Quelques-uns même remontent plus haut encore. Est-ce un honneur ? Est-ce un désavantage ? Si c'est un honneur c'est un honneur qui ne fera guère d'envieux.

J'aurais voulu vous présenter la famille complète ; plusieurs ont été empêchés. Mais si tous n'ont pu venir, tous du moins sont ici de cœur en ce moment. Je le sais par leurs lettres d'excuses et de regrets ; c'est ce que m'écrivait ce matin le vénérable évêque de Tulle.....

— Ici Mgr Freppel prie M. le Supérieur de lire la lettre de Mgr Denéchau :

Tulle, 19 juillet 1891.

Monsieur le Supérieur,

Hélas ! c'est ma prose et non ma personne qui va arriver au Petit-Séminaire Mongazon. Hier, d'après une lueur d'espoir, j'ai été sur le point de vous télégraphier mon arrivée ; mais un obstacle est venu me clouer à Tulle, sans quoi je serais parti ce soir pour revenir mercredi. Il faut donc m'accorder non seulement l'indulgence, mais aussi la compassion : car je suis très privé et très peiné de manquer l'occasion de cette réunion qui ne se représentera peut-être jamais. Ayez la bonté de dire à Monseigneur d'Angers, à Monseigneur de Belley, à tous nos anciens professeurs, collègues et condisciples, que je suis de cœur au milieu de tous et que je tiens à être inscrit dans l'Association des anciens Élèves. De loin, je crie : Vive Mongazon ! et je chante : Vive Urbain ! et Vive André ! Cet air m'est très bien resté dans l'oreille et dans le cœur.

† Henri, évêque de Tulle.

De longs applaudissements couvrent la lecture de cette lettre dont Mgr Denéchau a daigné nous honorer.

Oui, continue Monsieur le Supérieur, tous sont avec nous pour vous dire, Monseigneur : C'est une gloire pour nous de vous avoir pour Évêque et pour Père. Et si les anciens, qui ont déjà disparu, revenaient un instant dans ces lieux, en vous voyant à notre tête, vous, l'intrépide, l'infatigable défenseur de nos droits et de tout ce qui nous est cher, avec quelle joie ne s'uniraient-ils pas à nous pour crier avec nous : Honneur à Monseigneur d'Angers !

Oui, honneur à vous ! Honneur deux fois parce que trop souvent, au moins sur un certain théâtre, vous n'avez guère eu jusqu'ici que la gloire de lutter et de vous sacrifier en présence d'adversaires qui s'obstinent à ne pas vouloir vous donner raison. Mais l'avenir rectifiera et réparera le présent, nous n'en saurions douter ; la vérité et le bon sens auront leur tour.

Alors on répétera pour votre gloire un mot sorti spontanément des lèvres de Léon XIII, un jour qu'il entendait un visiteur admis en audience privée, dire qu'il était d'Angers. « Angers, dit le Saint Père, Angers... Évêque Freppel ! Grand Évêque ! Grand Évêque, celui-là ! »

Mais, Monseigneur, le présent n'attendra point l'avenir pour vous juger. Beaucoup, comme le Saint Père, ont leur jugement tout fait à votre égard : c'est le sien. Vos fils de Mongazon, jeunes et vieux, sont du nombre. Fiers de vous avoir à leur tête, unanimes dans leur admiration et leur reconnaissance, ils se font un devoir et une fête aujourd'hui de manifester leurs sentiments pour vous en répétant la parole de Léon XIII : « Angers, Évêque Mgr Freppel ! C'est le nôtre ! Grand Évêque, oui, Grand Évêque, celui-là !

Dieu veuille réaliser les vœux que nous faisons tous en ce moment : Vive, vive longtemps Monseigneur l'Évêque d'Angers !

C'est au milieu d'acclamations enthousiastes que Mgr Freppel se lève pour répondre à M. Ledoyen :

Monsieur le Supérieur, j'ai craint tout à l'heure que vous ne fissiez incursion sur le terrain de la politique. Souvent dans les toasts on s'échappe ; on fait de la politique mal à propos. Mais vous avez su éviter cet écueil.

Laissez-moi, mon cher Supérieur, embrasser dans un seul

toast Mongazon passé, présent et à venir. Je dois remercier tous ceux qui ont concouru à cette belle fête, réglé les cérémonies de la consécration et l'ordonnance de ce banquet. Pour ne pas mettre leur bonne volonté à l'épreuve, nous sommes décidés à ne pas recommencer. On ne consacre une chapelle qu'une fois et une telle fête laisse un souvenir profond au cœur de ceux qui ont pu y prendre part. Mes souhaits à Monseigneur de Belley, le héros de cette fête, le consécrateur de la chapelle ; mes souhaits au R. P. Abbé : Messieurs, vous avez chanté tout à l'heure ses attraits vainqueurs et la douceur de son joug. Vous avez bien fait ; si j'ai un regret c'est de n'être pas trappiste. Je me le suis toujours dit et je me le dis surtout à la Chambre des Députés : Rien n'est enviable comme le sort d'un trappiste. Il n'a pas de préoccupations sur terre et le ciel lui est assuré. Mais il n'en va point ainsi d'un évêque et Monseigneur de Belley ne me démentira pas. Puissions-nous tous aimer Dieu et travailler à sa gloire !

Puisse Mongazon rester digne de son passé ; devant lui s'ouvre un avenir glorieux !

Aussitôt M. Jules Baron, Conseiller général, prend la parole :

Mes amis, après avoir salué de nos vivats Monseigneur l'Évêque d'Angers, je viens vous prier de saluer Monseigneur de Belley et le R. P. Abbé de Bellefontaine. Hier, Monseigneur, répondant au gracieux compliment que l'un de nos jeunes camarades vous adressait, vous nous rappeliez vos jeunes années passées à Mongazon.

Trente ans se sont écoulés ; vous êtes évêque ; et ce matin vous avez consacré notre chapelle de cette même main qui écrivait jadis sur des feuilles de roses : *Si non meminero tui, Jerusalem, oblivioni detur dextera mea !*

C'est là un nouveau lien qui vous unit à Mongazon et à nous. Et nous, Monseigneur, nous, anciens élèves, fiers de votre élévation à l'épiscopat, nous sommes heureux de déposer aujourd'hui aux pieds de votre Grandeur nos hommages.

Merci, Monseigneur, de votre dévouement aux Congrégations religieuses, et en particulier à La Trappe de Bellefontaine. C'est grâce à vous que nos condisciples sont allés au Canada, dans cette France d'outre-mer, planter l'arbre de saint Benoît et de saint Bernard.

Mes amis, vive Mgr Luçon, évêque de Belley, vive le R. P. Abbé de Bellefontaine !

Mgr l'Évêque de Belley remercie à peu près en ces termes M. J. Baron :

Je ne puis m'empêcher de répondre aux paroles gracieuses que vient de m'adresser M. Jules Baron qui m'est cher à plus d'un titre. Ancien élève de Mongazon comme moi ; né à Cholet où j'ai reçu la consécration épiscopale, il me rappelle de beaux souvenirs. Tout de suite je l'aimai à cause de ses sentiments chrétiens et de sa charité. J'applaudis à son élection quand ses concitoyens le choisirent pour conseiller général. Mais ce n'est pas à lui seulement, c'est à vous tous, Messieurs, que je dis : Merci ! En quittant Angers, j'ai trouvé à Belley d'autres confrères, des prêtres également bienveillants pour moi. J'ai trouvé un clergé illustre par la sainteté des Vianney et des Chanel, par la science des Martigny et des Gorini, et qui continue de marcher sur leurs traces. Mais ma nouvelle famille ne me fait pas oublier l'autre. Le cœur est comme la lumière,

« Chacun en a sa part et tous l'ont tout entier. »

Je le partage entre Angers et Belley.

Qui m'eût dit, il y a trente ans, que moi, le plus jeune, le dernier de la famille je viendrais consacrer cette chapelle ? C'est à vous, Monseigneur, que je dois cet honneur.

Vous disiez tout à l'heure que le sort d'un trappiste vaut mieux que le sort d'un évêque; c'est aussi mon opinion; et je vous dirai que l'un de mes prédécesseurs sur le siège de Belley nommé évêque à quatre-vingt-six ans, se démit de sa charge à quatre-vingt-seize ans pour aller mourir à la Chartreuse à cent six ans !

C'est que la vie d'un évêque est aujourd'hui une vie de lutte ; mais, Monseigneur, nous marcherons sur vos traces sans reculer jamais.

O mes maîtres, mes condisciples, mes amis, que Dieu vous bénisse !

Voici qu'aussitôt M. l'abbé Jaudouin se lève... Pour porter un toast?... Non, il va diriger l'orchestre et le chœur qui s'apprêtent à exécuter la cantate suivante :

CANTATE

Ecce quàm bonum et quàm jucundum habitare fratres in unum.

(Ps. cxxxii.)

A. *Prélude pour orchestre.*
B. *Duo* (soprano et alto).

Quelle aimable fête
Nous a réunis !
La joie est parfaite
Pour des cœurs amis.

Cette heure rassemble
Et jeunes et vieux.
Nous revoir ensemble,
Quoi de plus joyeux !
Cette heure si belle
D'un coup nous rappelle
Et nous renouvelle
Tous nos jours heureux.

Quelle aimable fête, etc.

C. *Chœur à quatre voix inégales.*

O Reconnaissance,
Éclate en ce jour !

Sois la récompense
Des cœurs pleins d'amour
Qui nous font ce jour !

D. *Solo et duo* (soprani et altos).

I

En mourant, notre Père
Nous disait : « Je vous bénis ;
Vous serez, je l'espère,
Des frères bien unis. »
Cet instant réalise
Le vœu de ses derniers jours.
Voici notre devise :
« Tous unis pour toujours. »

II

Il nous laissait pour Père
Un Fils qu'il avait formé,
Un Père qu'on révère,
Un Père bien-aimé.
Famille fortunée
De ce Père au cœur si bon,
Revenons chaque année
Nombreux à Mongazon !

E. *Chœur à quatre voix égales* (soprani et altos).

Monseigneur, votre présence
Partout répand ses faveurs ;
Vous comblez notre espérance,
Vous rendez heureux nos cœurs.
C'est votre main paternelle
Qui saura rendre éternelle
Notre union fraternelle ;
Recevez pour ces faveurs
Tous nos cœurs.
Oui, l'amour de tous nos cœurs,

F. *Solo* (baryton).

Près de l'autel où tous ensemble
Aujourd'hui nous fûmes bénis
Que toujours la foi nous rassemble
Et nos cœurs resteront unis.

G. *Chœur à quatre voix inégales.*

Quelle aimable fête
Nous a réunis !
La joie est parfaite
Pour des cœurs amis !
Cette heure si belle
D'un coup nous rappelle
Et nous renouvelle
Tous nos jours heureux.

O Reconnaissance,
Éclate en ce jour !
Sois la récompense
Des cœurs pleins d'amour
Qui nous font ce jour !

De l'aveu de tous, cette cantate fut parfaitement chantée : les aînés de la famille aimèrent à y reconnaitre les vieux airs qu'ils entendaient jadis à Mongazon et que l'on avait choisis pour leur rappeler ce temps passé.

Honneur à vous, M. Jaudouin, qui formez avec tant de goût nos jeunes musiciens ! Honneur à vous, aussi, M. Harpin ; les chœurs que vous préparez avec patience et talent ajoutent à l'éclat de toutes nos fêtes.

Encore quelques toasts et nous quitterons la table.

Tout d'abord M. Priou, ancien supérieur, se félicite d'avoir largement contribué à la gloire du Collège en se retirant pour laisser la place à M. Subileau et à M. Ledoyen.

Puis, Mgr Pessard souhaite à Mongazon longue vie et prospérité : *Crescite et multiplicamini,* et porte la santé de Mgr Dénéchau.

Ensuite M. Grimault, vicaire général, proclamant spirituellement qu'il date du moyen âge de Mongazon, évoque toutes les gloires légendaires de ces temps fameux, M. Subileau, MM. Chapin, Ferré, Allereau, Laurent, Hamard ; et parmi les vivants, MM. Priou, Seigneret, Goupil, Sécher, Gouamier, Lefèvre Pierre.

Enfin M. Leproust se lève du milieu de l'Assemblée :

« Je bois à M. le Supérieur, le digne continuateur de M. Mongazon ; nous lui devons cette fête. Je bois à nos missionnaires qui s'en vont porter au loin l'amour de l'Église et de la France ! Je bois à nos condisciples qui dans l'armée servent vaillamment notre pays ! Je bois aux absents ! »

« Messieurs, nous dit aussitôt M. le Supérieur, à quatre heures dans la Salle des Exercices ! »

Nous saluons alors une dernière fois Mgr Freppel, obligé de rentrer à l'Évêché, et le R. P. Abbé que d'importantes affaires rappellent à la Trappe de Bellefontaine.

M. l'Économe, l'ordonnance de votre banquet a été fort belle : vous méritez maintenant de passer sous les arcs de triomphe de la grande avenue !

A l'heure dite, nous sommes tous fidèles au rendez-vous dans la Salle des Exercices et Mgr Pessard, élu président de l'Association, déclare que la séance est ouverte.

Aussitôt l'orchestre de jouer une Marche de Dietrich Et comme plusieurs musiciens ne faisant pas partie de l'Association ne peuvent assister à nos délibérations *mystérieuses,* M. le Président les invite à jouer de suite les morceaux inscrits sur le programme, la *Patrouille turque*, de Michaëlis, qui est demandée deux fois, et la *Marche des Guides*, de Dietrich.

Heureuse inspiration ! Tant d'harmonie nous met tous d'accord. A l'unanimité, les élections faites le matin sont ratifiées. Aussitôt Mgr Pessard nous remercie en son nom et au nom des membres élus (I).

M. le Trésorier traite alors de plusieurs questions financières et l'Assemblée décide que les réunions de l'Association Amicale des anciens élèves de Mongazon auront lieu chaque année au collège, le jour où l'on célèbrera la saint Urbain.

M. le Supérieur est charmé de l'entente fraternelle qui règne entre nous :

« Messieurs, dit-il, nous avons resserré aujourd'hui les liens de nos vieilles amitiés. Oui, nous ne formons qu'une seule famille. Mongazon est la maison paternelle. Eh ! bien, je vous en prie, lorsque, dans le courant de l'année, vous passerez à Angers, venez ici ; vous y serez reçu par des frères heureux de vous serrer la main ; venez nous demander à diner. »

Pas une voix ne s'élève contre cette gracieuse proposition : « Oui, M. le Supérieur, nous viendrons ! »

« Oui, nous viendrons, reprit l'un de nos aînés ; et pour moi, je vous promets quelques lièvres !

Chacun de nous d'applaudir à cette saillie.... surtout M. l'Économe.

(I) Avant l'assemblée générale, la Commission s'était réunie pour constituer son bureau. Mgr Pessard avait été élu président ; M. le Supérieur et M. J. Baron, vice-présidents ; M. Leproust, trésorier ; M. Martineau, trésorier-adjoint ; M. l'abbé L. Lefèvre, secrétaire : et M. F. Benoist, secrétaire-adjoint. Il a été décidé que MM. les Supérieurs seront de droit vice-présidents.

Tandis que nous traitons de choses sérieuses, les élèves se livrent sur les prairies aux jeux les plus variés : courses, colin-maillard masqué, cheval fougueux, barres, etc.

Nous allons durant une demi-heure jouir de ce spectacle qui nous rappelle nos prouesses d'antan, et, à 6 heures 1/2, nous nous réunissons dans le *Parterre*, autour de la statue de la Sainte Vierge.

> Garde bien l'heureux sanctuaire
> Où nous vivons comblés de tes bienfaits ;
> Garde le bien, ô bonne et tendre mère,
> Nous ne t'oublierons jamais :
> Non, non, non, non jamais, jamais, jamais !

M. Lefèvre Pierre, quels souvenirs votre voix a réveillés en nous ! Jadis, comme ce soir, ne venions-nous pas chanter ce cantique à notre mère ? En vérité, il nous semble que ce soir comme autrefois nous sommes vos élèves. Car votre voix est restée vibrante et jeune et notre affection pour vous n'a pas vieilli.

Après le cantique, Mgr Luçon nous fait ses adieux, adieux touchants. Son cœur est ému : ne va-t-il pas s'éloigner à nouveau de Mongazon et de tous ses amis, de Mongazon qu'il a tant aimé, de Mongazon dont il a consacré ce matin la chapelle, de cette Vierge qui a béni ses travaux et protégé sa jeunesse ? Qu'il fait bon marcher dans la vie sous la protection de si chers souvenirs : ils sont le charme et la force de l'âme. O Marie, montrez-vous toujours notre mère : *Monstra te esse matrem.* Bénissez Mongazon !

Et tous agenouillés auprès de Sa Grandeur, nous répondons : *Monstra te esse matrem !*

Aussitôt M. le Trésorier, toujours d'une pratique admirable, sonne la cloche du *Parterre*, pour nous appeler au réfectoire, où l'on a improvisé un souper ; car nous sommes encore deux cents, et nous voulons assister à la fête du soir. Quel joyeux repas ! Quelle franche cordialité! Il est vrai, tout à la pointe de l'épée! Mais qu'importe? Vive Louis! Vive André! Vive Adolphe! chantons-nous avec un entrain superbe! Jamais le vieux réfectoire n'avait retenti de pareils chœurs! Le pauvre *Muet* lui-même, ce fidèle et bon serviteur que nous avons tous connu, ne sait plus à qui *entendre;* chacun de nous le harcèle; il y perd son latin et fait des gestes de désespéré. Monsieur le Supérieur, qu'est devenue l'autorité de votre sonnette que vous nous vantiez tantôt?

Si vos élèves nous entendaient, nous, les aînés !!

Par bonheur, ils sont déjà rassemblés sur les prairies ; eux aussi chantent avec enthousiasme et, au bruit de leurs acclamations, voici un ballon qui monte vers le ciel.

Largos pande sinus et vota ad sidera tolle !

Ce ballon, paraît-il, avait eu des caprices toute la soirée, refusant de quitter la terre : sur le tard, il s'y décida cependant; mieux vaut tard que jamais !

Déjà la nuit commence à tomber et le bosquet s'emplit d'ombre : une première fusée volante donne le signal de la retraite aux flambeaux; les élèves l'attendent avec tant d'impatience que plusieurs, comme Diogène, ont allumé leurs lanternes en plein jour! En un clin d'œil, quatre ou cinq cents lanternes vénitiennes sont éclairées : de longues files se forment et au son d'une musique que je ne saurais décrire et qui s'appelle sans doute *diabolus in musica,* jeunes et vieux, deux à deux et bras dessus bras dessous, promènent dans le bosquet des feux rouges, jaunes, bleus, verts et blancs. Durant un quart d'heure c'est une vraie féerie : les lumières passent et repassent dans les allées, devant et derrière les charmilles et viennent enfin se ranger sur les prairies. Alors les fusées volantes montent en l'air et retombent en pluie de feu ; les soleils tournoient ; les marrons éclatent avec fracas, ... et c'est fini !!!

Les files se reforment. Nous nous rendons tous dans la cour d'honneur, devant le collège éclairé de feux de bengale, et nous chantons à nouveau : Vive Louis! Vive Mgr Luçon! Vive André! Vive M. le Supérieur!

. . . .

Hélas! .. ce sont les derniers restes de voix qui tombent et de lanternes qui s'éteignent.

Mes chers amis, à l'an prochain, si Dieu nous prête vie!

———

CONCLUSION

Cette journée du 21 juillet 1891 sera inscrite parmi les plus glorieuses dans les annales de Mongazon.

Tout y fut grand et, en même temps, simple et familier.

L'illustre évêque d'Angers, Mgr Freppel, daigna nous honorer de sa présence et nous bénir. Mgr l'évêque de Belley et le R. P. Abbé de la Trappe de Bellefontaine voulurent bien prendre part à cette fête de l'amitié.

Presque tous les fils de Mongazon vinrent au rendez-vous que leur avait donné M. le Supérieur, le père de la famille ; même quelques-uns (1) ne furent pas effrayés par la longueur du chemin. Et tous ces amis, les aînés et les jeunes, se reconnurent et durant un jour entier vécurent de

---

(1) Mgr Luçon, venu de Belley, et M. le docteur Parant, de Toulouse.

cette vie de collège si bonne et si douce, de cette vie de famille qui forme comme le caractère de Mongazon.

Et ce fut tant mieux. Les amitiés de nos jeunes années se sont raffermies ; nous avons senti que nos cœurs, comme autrefois, battaient à l'unisson et que nous aimions toujours les mêmes causes, celles de la France et celles de Dieu.

Puis, nous souvenant que l'union fait la force, nous avons définitivement fondé notre *Association amicale* afin de travailler en commun à la gloire de Mongazon.

Voilà bien tout un peuple animé d'une affection sincère.

NATIO ILLORUM DILECTIO.

9 782012 837867